Hebrew

הצבעים הרבים שלי:

סיפור על היותו לא בינארי

Marcy Schaaf

My Many Colors:

A Story of Being Non-Binary

Marcy Schaaf

When a child expresses a preference to be referred to using "they/them" pronouns, it typically means that they identify as non-binary or genderqueer. Non-binary is a term used to describe individuals whose gender identity doesn't exclusively align with the traditional categories of male or female. Instead, they may experience their gender identity as being somewhere along a spectrum beyond these binary options.

Choosing to use "they/them" pronouns acknowledges and respects the child's gender identity and their right to define themselves in a way that feels authentic to them. It's important to honor their preferred pronouns and provide support and understanding as they navigate their gender identity. This may involve educating others around them, such as family members, friends, and teachers, about the importance of using the correct pronouns and respecting the child's identity.

It's essential to create an environment where the child feels safe and accepted for who they are, regardless of their gender identity. This may involve advocating for inclusive policies and practices in schools, healthcare settings, and other institutions to ensure that non-binary individuals are respected and supported.

כאשר ילד מביע העדפה שיתייחסו אליו באמצעות כינויי "הם/הם", זה בדרך כלל אומר שהוא מזדהה כלא-בינארי או ג'נדרקוויר. לא בינארי הוא מונח המשמש לתיאור אנשים שזהותם המגדרית אינה מתיישרת באופן בלעדי עם הקטגוריות המסורתיות של זכר או נקבה. במקום זאת, הם עשויים לחוות את הזהות המגדרית שלהם כאי שם לאורך ספקטרום מעבר לאפשרויות הבינאריות הללו.

הבחירה להשתמש בכינויי "הם/הם" מכירה ומכבדת את זהותו המגדרית של הילד ואת זכותו להגדיר את עצמו באופן שמרגיש לו אותנטי. חשוב לכבד את הכינויים המועדפים עליהם ולספק תמיכה והבנה בזמן שהם מנווטים בזהות המגדרית שלהם. זה עשוי להיות כרוך בחינוך אחרים סביבם, כגון בני משפחה, חברים ומורים, לגבי החשיבות של שימוש בכינויים נכונים וכיבוד זהות הילד.

חיוני ליצור סביבה שבה הילד מרגיש בטוח ומקובל באשר הוא, ללא קשר לזהותו המגדרית. זה עשוי להיות כרוך בתמיכה במדיניות ובנהלים כוללים בבתי ספר, במסגרות בריאות ובמוסדות אחרים כדי להבטיח שאנשים לא בינאריים זוכים לכבוד ותמיכה.

In a small town nestled between rolling hills and whispering forests, there lived a child named Alex.

בעיירה קטנה השוכנת בין גבעות מתגלגלות ויערות לוחשים, גר ילד בשם אלכס.

Alex was a very special kid.
They had a name that was
neither strictly for boys nor only
for girls.

אלכס היה ילד מאוד מיוחד.
היה להם שם שהוא לא רק לבנים ולא רק
לבנות.

But something else made Alex different too. Some days, they felt as delicate as a butterfly, and on those days, they liked to wear dresses.

אבל משהו אחר הפך גם את אלכס לשונה. יש ימים שהם הרגישו עדינים כמו פרפר, ובימים ההם הם אהבו ללבוש שמלות.

Other days, Alex felt strong and bold, like a mighty lion. On those days, they chose pants and shirts that made them feel powerful and free.

בימים אחרים, אלכס הרגיש חזק ונועז, כמו אריה אדיר. באותם ימים הם בחרו במכנסיים וחולצות שגרמו להם להרגיש חזקים וחופשיים.

But most days, Alex was somewhere in between. They didn't feel entirely like a boy or completely like a girl. They just felt like themselves, a beautiful blend of everything in between.

אבל רוב הימים, אלכס היה איפשהו באמצע. הם לא הרגישו לגמרי כמו בן או לגמרי כמו בת. הם פשוט הרגישו כמו עצמם, שילוב יפה של כל מה שביניהם.

Some people understood Alex's unique way of being, and they celebrated it with open arms and warm smiles.

היו אנשים שהבינו את צורת ההווייתו היחודית של אלכס, והם חגגו אותה בזרועות פתוחות ובחיוכים חמים.

But others didn't understand. They would stare or whisper, unsure of what to make of someone who didn't fit neatly into their idea of boy or girl.

אבל אחרים לא הבינו. הם היו בוהים או לוחשים, לא בטוחים מה לעשות עם מישהו שלא מתאים היטב לרעיון שלהם לגבי בן או ילדה.

One day, Alex's grandmother came to visit. She looked puzzled when she saw Alex wearing pants instead of a dress.

יום אחד, סבתו של אלכס באה לבקר. היא נראתה מבולבלת כשראתה את אלכס לובש מכנסיים במקום שמלה.

"Why aren't you wearing a pretty dress, my dear?" she asked, her voice full of confusion.

"למה את לא לובשת שמלה יפה, יקירתי?" שאלה, קולה מלא בלבול.

Alex took a deep breath, feeling nervous but determined to explain. "Sometimes, I feel more like a boy, Grandma. And today is one of those days."

אלכס נשם נשימה עמוקה, חש עצבני אך נחוש להסביר. "לפעמים, אני מרגיש יותר כמו ילד, סבתא. והיום הוא אחד מהימים האלה."

Grandma listened carefully, her eyes softening with understanding. "Oh, I see," she said gently.
"Well, you always look lovely, no matter what you wear."

סבתא הקשיבה היטב, עיניה התרככו מרוב הבנה. "אה, אני מבינה," היא אמרה בעדינות.
"טוב, אתה תמיד נראה מקסים, לא משנה מה אתה לובש."

As Alex grew older, they learned how to have difficult conversations with teachers, friends, and family members about their gender identity.

she he
they

כשאלכס התבגר, הם למדו לנהל שיחות קשות עם מורים, חברים ובני משפחה על זהותם המגדרית.

she he
they

They discovered that some people would have questions or need time to understand, and that was okay. Patience and kindness were their greatest allies.

הם גילו שלחלק מהאנשים יהיו שאלות או יצטרכו זמן להבין, וזה היה בסדר. סבלנות וטוב לב היו בני בריתם הגדולים ביותר.

And as Alex looked around at the world, they realized that not everyone would understand, and that was okay too. What mattered most was being true to themselves.

וכשאלכס הסתכל סביב העולם, הם הבינו שלא כולם יבינו, וגם זה היה בסדר. מה שהכי חשוב היה להיות נאמנים לעצמם.

One day, as the sun dipped low in the sky and painted the world with shades of pink and gold, Alex had a realization.

יום אחד, כשהשמש שקעה נמוך בשמים וצבעה את העולם בגוונים של ורוד וזהב, לאלכס הייתה הבנה.

"I may be neither strictly a boy nor only a girl," they thought to themselves, "but I am me. And that is enough."

"אולי אני לא רק בן ולא רק ילדה", חשבו לעצמם, "אבל אני אני. וזה מספיק."

And so, Alex embraced their uniqueness with pride, knowing that their true colors shone brightest when they were being authentically themselves.

וכך, אלכס אימץ את הייחודיות שלהם בגאווה, בידיעה שהצבעים האמיתיים שלהם זרחו הכי עזים כשהם היו עצמם באופן אותנטי.

The end.

הסוף.

Life Lesson:

Embrace your uniqueness and be true to yourself, even if others may not understand. You are beautiful just the way you are.

שיעור לחיים:

אמצו את הייחודיות שלכם והיו נאמנים לעצמכם, גם אם אחרים אולי לא מבינים. את יפה בדיוק כמו שאת.

Non-binary kids, like anyone else, may have diverse preferences when it comes to how they like to dress. There's no single "right" way for non-binary individuals to dress, as gender expression is highly personal and can vary greatly from person to person. Some non-binary kids may prefer clothing that is traditionally associated with their assigned gender at birth, while others may gravitate towards clothing that blurs or challenges traditional gender norms.

Here are some common ways non-binary kids might choose to dress:

1. Gender-neutral clothing: Many non-binary individuals prefer clothing that is not specifically associated with either traditional gender category. This might include items like t-shirts, jeans, hoodies, sneakers, and other styles that are not inherently gendered.

2. Mix-and-match styles: Some non-binary kids may enjoy mixing elements of traditionally masculine and feminine clothing in their outfits. This could involve wearing clothing from both the men's and women's sections of stores, or combining traditionally masculine and feminine accessories.

3. Androgynous fashion: Androgynous fashion often features clothing styles that blur the lines between masculine and feminine aesthetics. This might include tailored suits, button-up shirts, blazers, skirts, dresses, androgynous hairstyles, and accessories that aren't strongly gendered.

4. Personal expression: Ultimately, non-binary kids may choose to dress in a way that reflects their unique personality, interests, and sense of style. They may experiment with different looks, colors, patterns, and accessories to express themselves authentically.

It's important to respect and support non-binary kids in their clothing choices, just as you would with any child. Creating an inclusive environment where they feel comfortable expressing themselves is key to fostering their confidence and well-being.

ילדים לא בינאריים, כמו לכל אחד אחר, עשויים להיות בעלי העדפות מגוונות בכל הנוגע לאופן שבו הם אוהבים להתלבש. אין דרך אחת "נכונה" עבור אנשים שאינם בינאריים להתלבש, מכיוון שהביטוי המגדרי הוא מאוד אישי ויכול להשתנות מאוד מאדם לאדם. חלק מהילדים הלא-בינאריים עשויים להעדיף בגדים המשויכים באופן מסורתי למגדר שנקבע להם בלידה, בעוד שאחרים עשויים להימשך ללבוש שמטשטש או מאתגר את הנורמות המגדריות המסורתיות.

הנה כמה דרכים נפוצות שבהן ילדים לא בינאריים עשויים לבחור להתלבש:

1. לבוש ניטרלי מגדר: אנשים רבים שאינם בינאריים מעדיפים בגדים שאינם קשורים ספציפית לאחת מקטגוריות המגדר המסורתיות. זה עשוי לכלול פריטים כמו חולצות טי, ג'ינס, קפוצ'ונים, נעלי ספורט וסגנונות אחרים שאינם מגדריים מטבעם.

2. סגנונות מיקס-אנד-מאץ': חלק מהילדים הלא-בינאריים עשויים ליהנות משילוב אלמנטים של לבוש גברי ונשי באופן מסורתי בתלבושות שלהם. זה יכול לכלול לבישת בגדים מחלקי החנויות לגברים וגם לנשים, או שילוב של אביזרים גבריים ונשיים באופן מסורתי.

3. אופנה אנדרוגנית: אופנה אנדרוגנית מציגה לרוב סגנונות לבוש המטשטשים את הקווים בין אסתטיקה גברית ונשית. זה עשוי לכלול חליפות מחויטות, חולצות מכופתרות, בלייזרים, חצאיות, שמלות, תסרוקות אנדרוגניות ואביזרים שאינם מגדריים.

4. ביטוי אישי: בסופו של דבר, ילדים שאינם בינאריים עשויים לבחור להתלבש בצורה המשקפת את האישיות, תחומי העניין וחוש הסגנון הייחודיים שלהם. הם עשויים להתנסות עם מראה, צבעים, דפוסים ואביזרים שונים כדי לבטא את עצמם בצורה אותנטית.

חשוב לכבד ולתמוך בילדים שאינם בינאריים בבחירת הלבוש שלהם, בדיוק כפי שהיית עושה עם כל ילד. יצירת סביבה מכילה שבה הם מרגישים בנוח לבטא את עצמם היא המפתח לטיפוח הביטחון והרווחה שלהם.

Hey there, colorful kids! Have you ever wondered how to pick the perfect colors for your outfit? It's easy! Just think about how you're feeling and what outfit you want to wear. If you're feeling as bright as a sunny day, maybe choose clothes in vibrant yellows and oranges. Or if you're feeling calm and peaceful, soft blues and greens might be just the right colors for you. Let your outfit be your canvas and your feelings be your guide as you paint the world with your unique style and personality!

היי, ילדים צבעוניים! האם אי פעם תהיתם איך לבחור את הצבעים המושלמים עבור התלבושת שלכם? זה קל! רק תחשוב על איך אתה מרגיש ואיזה בגד אתה רוצה ללבוש. אם אתה מרגיש בהיר כמו יום שמש, אולי בחר בגדים בצבעים צהובים וכתומים מרהיבים. או אם אתה מרגיש רגוע ושליו, כחולים וירוקים רכים עשויים להיות בדיוק הצבעים הנכונים עבורך. תן לתלבושת שלך להיות הקנבס שלך ולרגשות שלך להיות המדריכים שלך כשאתה צובע את העולם עם הסגנון והאישיות הייחודיים שלך!

Explore these pages to discover your unique style.

חקור את הדפים האלה כדי לגלות את הסגנון הייחודי שלך.

Books By Schaaf

www.BookBySchaaf.com

Find us at: